PUEBLOS
DEL PASADO

CLAIRE FORBES

PRINCETON ■ LONDON

Cómo usar este libro

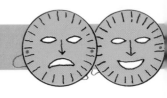

Referencias cruzadas
Busca las páginas que se citan en la parte superior de las páginas de la izquierda para saber más de cada tema.

Haz la prueba
Estas burbujas te permiten poner en práctica algunas de las ideas de este libro. Así podrás comprobar si esas ideas funcionan.

Rincón bilingüe
Aquí encontrarás las palabras clave de cada tema, así como frases y preguntas relacionadas con el mismo. ¿Puedes contestar las preguntas? Verás también las **palabras clave en inglés**, junto con su **pronunciación inglesa**. Practica en inglés las palabras que aparecen en negrita dentro de las frases y preguntas.

Curiosidades
En este apartado encontrarás datos de interés sobre otros asuntos relacionados con el tema.

Glosario
Las palabras de difícil significado se explican en el glosario que encontrarás al final del libro. Estas palabras aparecen en negritas a lo largo de todo el texto.

Índice
Al final del libro encontrarás el índice, que relaciona por orden alfabético la mayoría de las palabras que aparecen en el texto. Localiza en el índice la palabra de tu interés y ¡verás en qué página aparece la palabra!

Contenido

En busca del pasado

Hace miles de años, en la antigüedad, pueblos distintos vivían en todo el mundo, cada uno con costumbres diferentes. Todos desaparecieron ya, pero dejaron tras de ellos algunos de los objetos que utilizaban, como edificios, monedas y máscaras. Examinando estos objetos, podemos aprender mucho de esos pueblos.

Tesoros perdidos

Los arqueólogos estudian estos objetos para averiguar cómo vivían los pueblos antiguos. Estos detectives de la historia no siempre pueden tener un cuadro completo del pueblo que están estudiando: los materiales perecederos, como la madera, de casas y objetos se han desintegrado ya.

► Esta máscara egipcia ha perdurado porque está hecha de oro, un metal que no se desintegra.

▲ Esta moneda de metal fue usada por los romanos hace unos dos mil años.

► En estos mapas se muestra dónde vivieron los antiguos pueblos de que habla este libro.

Hace 5,000 años los antiguos egipcios vivían a las orillas del río Nilo en África.

Hace más de 2,000 años los griegos vivían a las orillas del Mediterráneo.

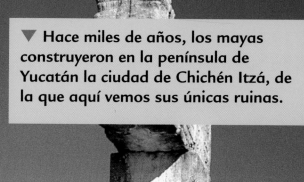

▼ Hace miles de años, los mayas construyeron en la península de Yucatán la ciudad de Chichén Itzá, de la que aquí vemos sus únicas ruinas.

Hace 2,000 años, los romanos vivían en la tierra que hoy llamamos Italia.

Hace más de 3,000 años, los antiguos chinos habitaban el este de Asia.

Hace más de 1,000 años, los mayas habitaban en México y Centroamérica.

Hace más de 1,000 años, los vikingos vivían en el norte de Europa.

véase: Creencias egipcias, pág. 8

Al lado del Nilo

Hace unos 5,000 años, el reino del antiguo Egipto se extendía por las riberas del Nilo. De este río, utilizaban su agua y su pesca, y cultivaban los campos húmedos cercanos a él. Durante los 3,000 años que duró esta **civilización**, sus gentes construyeron ciudades, aprendieron a escribir y se mantuvieron a resguardo de sus enemigos.

Las casas egipcias
Los egipcios vivían en casas construidas de adobe. Las pequeñas ventanas impedían la entrada del ardiente sol. En un clima caluroso y seco todo el año, dormían y trabajaban en los techos planos de las casas, para refrescarse.

▲ Este antiguo escrito egipcio tiene imágenes de un jeroglífico, que era el modo de escritura de los egipcios.

▶ Los mercados egipcios eran lugares de gran actividad. Los egipcios no tenían dinero sino que intercambiaban objetos unos con otros.

HAZ LA PRUEBA

Construye un alfabeto con imágenes. Utiliza, para empezar, las mostradas abajo y luego inventa las tuyas. Así podrás enviar mensajes secretos a tus amigos.

ave   ojo   bote   agua

Escuela y juegos

Los niños egipcios no iban a la escuela. Los niños trabajaban con su padre y las niñas ayudaban a su madre en la casa. En ratos libres, jugaban al burro, a tirar de la cuerda y al escondite.

▲ Este caballo de madera fue el juguete de un niño egipcio. También jugaban con muñecas, peonzas y pelotas de barro.

Rincón Bilingüe

casas · houses · *jáuses*
dinero · money · *moni*
egipcios · Egyptians · *echíp-shans*
juguete · toy · *tói*
mercado · market · *márket*
río · river · *river*
tiempo · time · *táim*

¿Con qué material se construían las **casas**?
¿Tienes algún **juguete** de madera?
¿Usaban **dinero** los **egipcios**?

7

véase: Al lado del Nilo, pág. 6

Creencias egipcias

La religión era muy importante para los antiguos egipcios. Adoraban a muchos **dioses** y creían que éstos les protegían del mal. También creían que, después de morir, volvían a vivir en otro mundo, y eran sepultados con las cosas que necesitarían en su viaje a ese otro mundo.

Los reyes egipcios

Los reyes que reinaron en el antiguo Egipto se llamaban faraones. Eran muy poderosos y el pueblo los consideraba como **dioses**. Cuando morían eran sepultados en enormes pirámides de piedra.

▼ Las pirámides se construyeron con pesados bloques de piedra y llevó muchos años terminarlas.

Construcción de una pirámide

La pirámide se comenzaba desde mucho antes de que el faraón muriera. Puesto que no existía maquinaria, los constructores tenían que arrastrar hasta su lugar los pesados bloques de piedra.

rampa

bloques de piedra

troncos de madera

CURIOSIDADES

Una de las **diosas** más importantes de los antiguos egipcios era Isis. Las mujeres egipcias creían que Isis las protegería y cuidaría de ellas en su vida diaria.

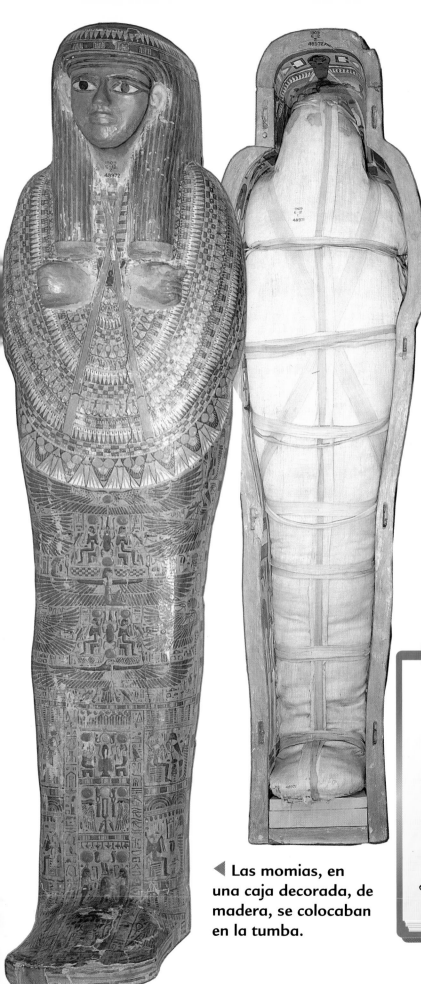

Las momias

Los egipcios creían que debían cuidar su cuerpo después de la muerte. Los cuerpos de los ricos y de los faraones, se secaban y se vendaban para impedir su putrefacción. Los cuerpos así conservados se llaman momias.

Los gatos egipcios

Los gatos eran sagrados para los antiguos egipcios. A veces, cuando moría un gato, su amo se afeitaba la cabeza para mostrar su tristeza.

▶ Se han encontrado momias de gatos en las tumbas de egipcios ricos.

◀ Las momias, en una caja decorada, de madera, se colocaban en la tumba.

Rincón Bilingüe

dioses · gods · *gods*
faraón · pharaoh · *férou*
gato · cat · *kat*
momia · mummy · *mómi*
nombre · name · *neim*
pirámide · pyramid · *píramid*
rey · king · *king*

¿Qué es una **momia**?
¿Tenían los egipcios uno o muchos **dioses**?
¿Conoces el nombre de un **rey** egipcio?

9

véase: La vida griega, pág. 12

La antigua Grecia

Hace más de 2,000 años, Grecia estaba dividida en **ciudades-estados**, cada una con su propia capital, tierras de cultivo, ejército y leyes. La ciudad-estado de Atenas era famosa por sus escuelas y teatros. La de Esparta, por su ejército. Los griegos fueron los primeros en elegir por **votación** a sus gobernantes.

El teatro griego

Las primeras **obras de teatro** se representaron en Atenas. Se estrenaban en festivales religiosos, en grandes teatros al aire libre, y los actores eran hombres que llevaban máscaras según los personajes.

HAZ LA PRUEBA

Confecciona tu propia máscara griega con un plato de cartón blanco. Pídele a un adulto que te ayude a cortar los ojos, la boca y la nariz. Píntala, pega una cinta elástica por detrás, y ¡ya puedes ponerte tu máscara!

Un grupo de actores, el coro, narraba lo que estaba sucediendo en la obra.

La escuela

Los niños griegos iban a la escuela de los siete a los quince años. Los padres tenían que pagar la enseñanza y los niños pobres estaban menos años en la escuela que los niños ricos. Las niñas no iban a la escuela. En la casa, sus madres les enseñaban a cocinar, hilar y tejer.

CURIOSIDADES

En Atenas, al escolar se le enseñaba matemáticas, a leer, a escribir, deportes, poesía y música. En Esparta, a un niño en edad escolar se le enseñaba a luchar, a robar y a mentir, para que fuera un astuto soldado.

▲ Los escolares no usaban papel ni lápiz, sino un punzón o estilo. Con él raspaban una tablilla de cera con marco de madera.

El trabajo

Muchos griegos eran campesinos o artesanos. Las mujeres y las niñas se quedaban en casa, cosiendo, cocinando y limpiando. Los griegos solían tener **esclavos** que les ayudaban en sus trabajos. Las mujeres griegas y los esclavos no tenían derecho de opinión acerca del gobierno de su **ciudad-estado**.

Las obras griegas a veces duraban un día; los actores debían tener buena memoria.

◀ La audiencia se sentaba en gradas en torno al escenario. Los pobres pagaban menos que los ricos por los mismos asientos.

Rincón Bilingüe

ciudad · city · *cíti*
esclavos · slaves · *sléivs*
Grecia · Greece · *grís*
griegos · greeks · *gríks*
lápiz · pencil · *péncil*
papel · paper · *péiper*
teatro · theater · *zíater*

El **teatro** era popular en la antigua **Grecia**. ¿Usaban los escolares **griegos papel** y **lápiz**? ¿Tenían **esclavos** todos los **griegos**?

véase: La antigua Grecia, pág. 10

La vida griega

Los antiguos griegos son famosos por muchas cosas. Esculpieron hermosas estatuas y construyeron enormes edificios de piedra. Son los creadores de los Juegos Olímpicos, que seguimos celebrando hoy día. Hemos aprendido de ellos toda clase de cosas e ideas sobre ciencia, **gobierno**, medicina y matemáticas.

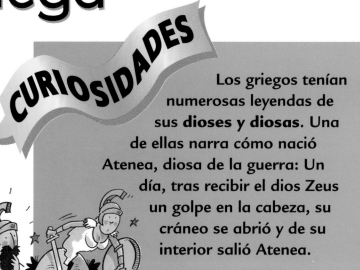

CURIOSIDADES

Los griegos tenían numerosas leyendas de sus **dioses y diosas**. Una de ellas narra cómo nació Atenea, diosa de la guerra: Un día, tras recibir el dios Zeus un golpe en la cabeza, su cráneo se abrió y de su interior salió Atenea.

Los Juegos Olímpicos

Cada cuatro años, los Juegos Olímpicos se celebraban en la ciudad de Olimpia en honor del **dios** Zeus. La gente llegaba de toda Grecia para participar en los encuentros de boxeo, carreras, lanzamiento de jabalina y lucha.

► Las carreras de **cuádrigas,** como la que vemos en este vaso pintado, eran un soberbio espectáculo en los Juegos Olímpicos.

Los ganadores

El último día de los Juegos Olímpicos, los vencedores recibían como premio coronas de laurel. Los Juegos se clausuraban con grandes celebraciones.

▲ El lanzamiento de un disco de bronce era una de las pruebas olímpicas.

Las columnas griegas

Los griegos son famosos por sus edificios de altas y esbeltas **columnas**, de los que quedan muy pocos. Pero muchas ciudades en todo el mundo tienen edificios que imitan ese estilo arquitectónico.

▲ El famoso Partenón, **templo** construido en Atenas en honor de la diosa Atenea.

Rincón Bilingüe

boxeo · boxing · *boxing*
carreras · races · *réises*
carro · chariot · *cháriot*
coronas · crowns · *cráuns*
edificios · buildings · *bíldings*
jabalina · javelin · *yiávelin*
matemáticas · mathematics · *mazemátics*
medicina · medicine · *médisin*

Los griegos eran excelentes en **matemáticas**.
¿Son famosos los **edificios** griegos?

véase: La antigua Grecia, pág. 10; El ejército romano, pág. 16

La antigua Roma

La gente de las ciudades romanas tomaba el agua de una fuente pública.

Hace unos 2,000 años, los romanos dominaban todas las tierras junto al Mediterráneo y parte de Inglaterra. Los romanos construyeron muchas calzadas, puentes y ciudades. Las ciudades romanas grandes tenían una plaza con edificios públicos, como baños y templos.

Las casas urbanas
Los romanos ricos vivían en grandes casas urbanas con jardines. Tenían **esclavos** que cocinaban y limpiaban para ellos. Los pobres vivían en chozas, sin agua corriente, sin baño, ni cocina.

◀ Los romanos ricos tenían bellos mosaicos en el suelo de sus casas, hechos con pequeños trozos de piedras de colores.

La mayoría de la gente se bañaba en baños públicos.

Los romanos gustaban de la lucha; ésta se llevaba a cabo en el anfiteatro.

▲ Las ciudades romanas estaban llenas de grandes edificios, como **templos**, teatros y baños públicos.

HAZ LA PRUEBA

Una forma fácil de fabricar un mosaico: dibuja el contorno de una figura sobre un papel grueso. Corta hojas de papel de diferentes colores en pequeños cuadrados y pégalos sobre el papel dentro del contorno de tu dibujo.

*Los romanos se reunían en el **foro**, o plaza principal, donde **comerciaban** y conversaban acerca del **gobierno**.*

*En los templos romanos había estatuas de los **dioses** a los que la gente les llevaba ofrendas.*

▲ Acueducto romano, construido sobre un río de Francia, hace más de 2,000 años. Los acueductos eran grandes puentes que llevaban agua de los lagos a las ciudades.

Conducción de agua

El agua corría por tuberías construidas en la parte superior del acueducto. En la ciudad, había tuberías debajo de las calles, para desaguar el agua usada.

Rincón Bilingüe

acueductos · aqueducts · *ácuedocts*
calle · street · *strít*
fuente · fountain · *fáuntan*
imperio · empire · *empáier*
mosaicos · mosaics · *moséiks*
puente · bridge · *bridch*
romanos · romans · *rómans*

¿Para qué usaban los **romanos** los **mosaicos**?
¿Qué son los **acueductos**?
¿Dónde solían bañarse los **romanos**?

véase: La antigua Roma, pág. 14

El ejército romano

El ejército romano fue el más victorioso de la antigüedad. Recorrió luchando inmensos territorios, sometiéndolos al dominio romano. Formado por soldados entrenados que portaban muchas armas, cuidaba de que la población no fuera atacada y de que cumpliera con las leyes romanas.

Los soldados de infantería

La mayoría de los soldados romanos marchaban a pie, llevando cada uno una espada corta, una daga, una lanza y un escudo de madera. Protegían su cabeza con un casco, y su pecho, con placas de metal. De su cinturón colgaban varias tiras de cuero cubiertas de metal que, al marchar, producían un ruido imponente y atemorizaban al enemigo.

Debajo de una concha

En batalla, los soldados se juntaban y formaban con sus escudos una especie de concha de tortuga. Así, se protegían de las piedras y lanzas arrojadas por los enemigos.

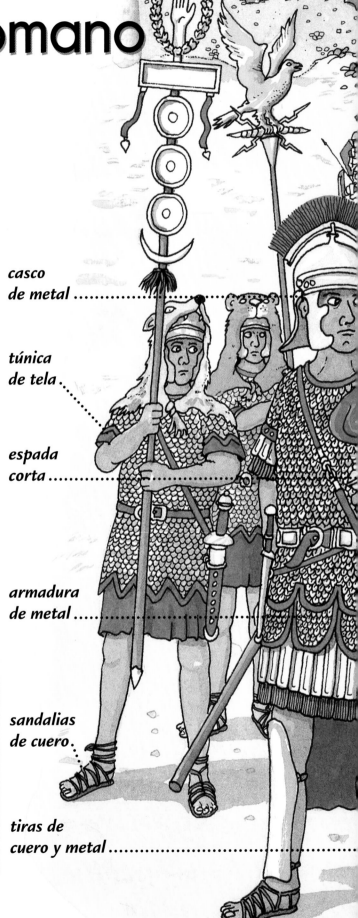

casco de metal

túnica de tela

espada corta

armadura de metal

sandalias de cuero

tiras de cuero y metal

Sobre las murallas

Para invadir una ciudad los soldados romanos cercaban sus murallas con altas torres de madera. Se subían a ellas y luchaban sobre las murallas. También disparaban enormes piedras con una catapulta.

·············· *catapulta*

escudo

La mochila del soldado

Cuando los soldados de infantería, marchaban, cargaban en su mochila lo necesario para tres días de marcha: cacharros de cocina, ropa de cama y comida.

Rincón Bilingüe

ejército · army · *ármi*
escudo · shield · *shild*
gladiadores · gladiators · *gladiéitors*
mochila · backpack · *bákpak*
soldado · soldier · *sóldier*

El **ejército** romano era muy poderoso. ¿Quiénes eran los **gladiadores**?

véase: Inventos chinos, pág. 20

La antigua China

En la antigüedad la mayoría de los chinos vivían en el campo, en donde cultivaban arroz y otros cereales. Los que no trabajaban en los campos eran fabricantes o **mercaderes**. El pueblo era **gobernado** por una persona con título de emperador. Los llamados oficiales le ayudaban a dirigir el país.

Vida familiar

En las familias chinas, niños, padres y abuelos vivían bajo el mismo techo. Los niños obedecían siempre o hacían todo lo que se les mandaba, y las esposas debían obedecer a sus esposos.

▲ Los agricultores chinos han cultivado el arroz por miles de años.

La comida china

En la antigua China, los agricultores eran importantes porque cultivaban la tierra para alimentar al numeroso pueblo. En el norte, la gente comía mijo, trigo y vegetales. En el sur, arroz y vegetales. Algunos ricos comían alimentos caros, como patas de oso y aletas de tiburón.

▶ Los músicos y juglares divertían a los invitados en las fiestas.

CURIOSIDADES

Los chinos creían que los techos voladizos alejaban de los edificios a los malos espíritus. También para ahuyentarlos pintaban las tejas de los techos.

Los tesoros de las tumbas

Los chinos creían que iniciaban otra vida cuando morían. Al morir el emperador, era enterrado con figuras de carruajes y de criados para la vida del más allá.

▲ El primer emperador chino fue enterrado con las figuras de 7,000 soldados. Estaban hechas de barro y eran de tamaño real.

Rincón Bilingüe

arroz · rice · *ráis*
China · China · *cháina*
emperador · emperor · *émperor*
familia · family · *fámili*
padres · parents · *párents*
techo · roof · *ruf*
verduras · vegetables · *véyetebels*

La gente común solía comer **arroz** y **verduras**. ¿Eran unidas las **familias** en la antigua **China**? El **emperador** gobernaba al pueblo chino.

véase: La antigua China, pág. 18

Inventos chinos

Los antiguos chinos fueron grandes inventores. La mayoría de sus inventos, como el papel y la impresión, no se conocieron en otros países hasta siglos después. Las sombrillas, las carretillas y los naipes son algunos de los inventos chinos que hoy se usan en todo el mundo.

Herramientas de hierro fundido
En China se descubrió cómo fabricar herramientas con hierro fundido. Vertían el hierro fundido en moldes con la forma de la herramienta, dejándolo endurecer.

arado

buey

La tierra de la seda
Los chinos inventaron la seda, que **comerciaban** en regiones de África y Asia. La seda china era tan célebre, que los romanos llamaban a China "Serica", que significa "tierra de la seda".

▶ Estas hermosas ropas de seda pertenecieron a la esposa de un emperador.

▲ Los primeros fuegos artificiales fueron fabricados por los chinos. Utilizaban pólvora para explotarlos en el aire.

Línea de defensa
La Gran Muralla fue construida para proteger al **imperio** chino de los invasores del norte. Fue construida por equipos de gente y se tardó cientos de años en terminarla.

▼ La Gran Muralla china es la más larga del mundo. Guardias recorrían los caminos situados en lo alto de ésta y encendían antorchas de aviso cuando los enemigos atacaban.

Rincón Bilingüe

arado · plow · *pláo*
famosa · famous · *féimos*
fuegos artificiales · fireworks · *fáierwerks*
inventores · inventors · *inventors*
pólvora · powder · *páuder*
seda · silk · *silk*
sombrilla · umbrella · *ombréla*

La **seda** china era famosa en la antigüedad. Los chinos inventaron los **fuegos artificiales**. Los chinos fueron grandes **inventores**.

véase: La vida de los mayas, pág. 24

Los mayas

Hace más de mil años, los mayas fueron muy poderosos en América Central. Vivían en **ciudades-estado**, con aldeas anexas y tierras de cultivo, cada una con su propio gobernante. Eran buenos **astrónomos**, inventaron un **calendario** y un sistema de cálculo y de escritura con jeroglíficos.

Las ciudades mayas

Los mayas construyeron grandes ciudades de piedra con enormes pirámides, **templos**, palacios y juegos de pelota, donde la gente competía. Había carreteras entre las ciudades y éstas a veces hacían la guerra entre sí. Los enemigos capturados se convertían en **esclavos**.

▲ Los **templos** mayas se construían sobre altas pirámides en el centro de la ciudad. Los templos que vemos aquí se hallan en la ciudad maya de Uxmal.

Dioses y templos

Los mayas creían en muchos **dioses** diferentes y les construían **templos**, donde llevaban a cabo grandes **ceremonias** para honrarlos. A veces practicaban un juego de pelota llamado pok-a-tok durante estas ceremonias.

► El pok-a-tok consistía en arrojar una pelota de hule a través de un anillo de piedra en cada lado del juego. La pelota se golpeaba con los codos o las caderas.

◄ Este libro maya se encuentra en un museo de la ciudad de México.

Los libros mayas

Los mayas escribían sobre largas tiras de papel fabricado con la corteza de un árbol. Las tiras se doblaban en páginas, formando un libro. Las cubiertas se hacían con piel de jaguar. Escribían con pinceles o plumas y tinta negra o roja.

Rincón Bilingüe

aldea · village · *vílach*
astrónomos · astronomers · *astrónomers*
ceremonia · ceremony · *ceremony*
enemigos · enemies · *énemis*
guerra · war · *wor*
mayas · mayas · *mayas*
pelota · ball · *bol*

¿De qué estaba hecha la **pelota** de pok-a-tok?
Los **mayas** hacían esclavos a sus **enemigos**.
Los **mayas** eran **astrónomos** consumados.

véase: Los mayas, pág. 22

La vida de los mayas

Los mayas cultivaban la tierra, criaban abejas para obtener miel y cazaban venados y patos. Vivían en chozas sencillas. Las niñas permanecían en casa con sus madres y aprendían a cocinar, a tejer y a cuidar de la familia. Los niños vivían en casas especiales donde aprendían las artes de la guerra.

aguacate

Los alimentos mayas
Cultivaban maíz, frijol, chile, algodón y frutas, como la papaya y el aguacate. Cultivaban también el árbol del cacao, con cuyas semillas elaboraban el chocolate. Las semillas del cacao también solían utilizarse como moneda.

papaya

chile

El cultivo del maíz
El maíz era el alimento más importante para los mayas. Formaba parte de su dieta diaria. Su desayuno era un atole o potaje preparado con maíz molido. Los que trabajaban en el campo comían tamales.

El hogar maya

Las mujeres trabajaban en la casa. Cultivaban y cocinaban los alimentos. Los hombres usaban arcos y flechas para la caza del venado y el tapir.

◀ Las mujeres mayas tejían el algodón en altos telares de madera y molían el maíz para obtener harina.

Los calendarios mayas

Los mayas usaban **calendarios** para contar los días y los años. Creían que los cinco últimos días del año eran aciagos. En esos días, procuraban no trabajar para que nada malo les ocurriera.

CURIOSIDADES

Los mayas creían que el Sol y el planeta Venus influían en sus vidas. Según sus creencias, la posición en que se hallaba Venus cuando un niño nacía influía y moldeaba su carácter.

Indumentaria maya

Para embellecerse, los mayas limaban sus dientes delanteros, dándoles varias formas, y rellenaban los huecos con jade, una piedra verde y dura. Los hombres y mujeres casados se tatuaban el cuerpo de la cintura para arriba. Los hombres solteros y los guerreros pintaban de negro sus cuerpos.

▲ Estos grabados en piedra de animales y dioses refieren sucesos importantes del tiempo de los mayas.

Rincón Bilingüe

arcos · bows · *bóus*
cazadores · hunters · *jónters*
cosecha · harvest · *járvest*
flechas · arrows · *árrous*
frijol · bean · *bín*
jade · jade · *yéid*
maíz · corn · *corn*

El **jade** era muy apreciado por los mayas.
Los **cazadores** mayas usaban **arcos** y **flechas**.
El **maíz** era el alimento más importante.

véase: La vida de los vikingos, pág. 28

Los vikingos

Los vikingos vivieron, hace más de mil años, en **Escandinavia**. Tenían potentes barcos de madera y navegaban por todos los mares de la vieja Europa. A veces, atacaban a otros países, robando alimentos, tesoros y **esclavos**, pero muchos se dedicaban al comercio con países donde establecían nuevas ciudades.

Los vikingos ricos usaban cascos de hierro como éste. Los pobres usaban gorras de cuero.

Los barcos de guerra

Los barcos vikingos eran largos, ligeros y muy rápidos. Tenían remos, una vela y otro remo más ancho y pesado en la parte de atrás, para gobernar la nave. En su interior había cofres, donde los vikingos guardaban sus armas, como espadas y hachas.

▶ Los barcos vikingos tenían, en la parte delantera, figuras talladas, con rasgos estilizados en forma de dragón, de serpiente o de ave.

Cuando los vikingos ricos morían, su cuerpo se colocaba en un barco con todo lo que poseían. Luego se sepultaba el barco o se quemaba.

Viajes por tierra

En invierno, en la nieve, los vikingos viajaban en trineo, esquís o patines. En verano, iban a caballo o en carretas arrastradas por caballos o bueyes.

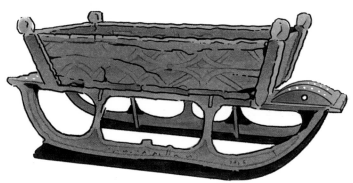

▲ Se usaban trineos de madera para mover cargas pesadas sobre el suelo helado.

A través del océano

Los vikingos eran exploradores valientes. Fueron los primeros europeos en cruzar el Atlántico y en llegar a Norteamérica. Construyeron ciudades en muchos lugares donde estuvieron, como Islandia, Groenlandia e Inglaterra.

Rincón Bilingüe

armas · weapons · *uépons*
barco largo · long ship · *long ship*
exploradores · explorers · *explórers*
país · country · *cóntri*
pirata · pirate · *páirat*
vela · sail · *séil*
vikingos · vikings · *váikings*

Los **vikingos** eran **exploradores** valientes.
Describe un **barco largo** vikingo.
¿Qué **armas** usaban los **vikingos**?

véase: Los vikingos, pág. 26

véase: Los vikingos, pág. 26

La vida de los vikingos

En su mayoría, los vikingos eran agricultores. También cazaban, para obtener carne y pieles, pescaban y criaban ganado. Cuando los hombres estaban en la guerra, las mujeres trabajaban en los campos. Los niños alimentaban a los animales y recogían leña.

Las runas

El alfabeto vikingo tenía 16 letras llamadas runas, cada una formada por líneas rectas. Esto se debía a que se grababan sobre madera y piedra, y es más fácil grabar líneas rectas. Grabar una palabra llevaba mucho tiempo. Por eso, la mayoría de los vikingos aprendían de memoria las historias y las recitaban en vez de escribirlas.

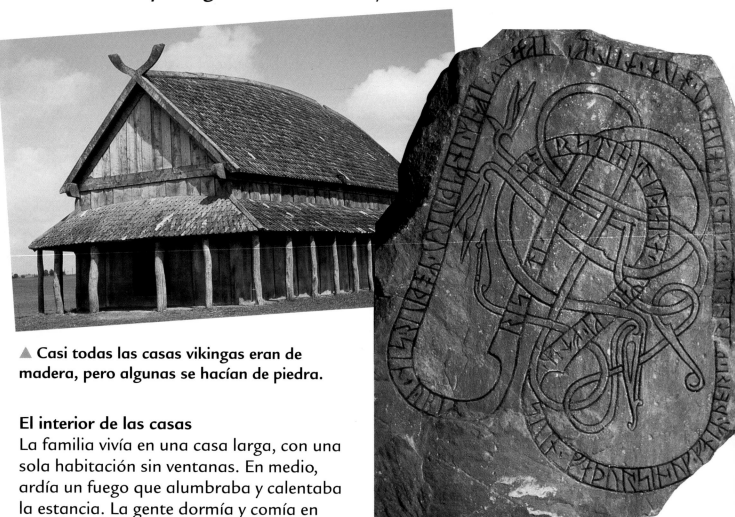

▲ Casi todas las casas vikingas eran de madera, pero algunas se hacían de piedra.

El interior de las casas

La familia vivía en una casa larga, con una sola habitación sin ventanas. En medio, ardía un fuego que alumbraba y calentaba la estancia. La gente dormía y comía en bancas adosadas a los lados de la estancia. Afuera de la casa había talleres para fabricar herramientas y cobertizos para refugio de los animales.

▲ Esta piedra tiene runas grabadas. Cuentan la historia de Tor, el dios vikingo del trueno.

Las sagas

Los niños vikingos no iban a la escuela. Aprendían con largas historias, o sagas, que narraban las aventuras de los **dioses** o los héroes vikingos. Los narradores contaban las sagas en las fiestas y festivales. Eran muy solicitados en las frías noches de invierno, cuando todo el mundo se sentaba alrededor del fuego.

Rincón Bilingüe

botones · buttons · *bótons*
cremallera · zipper · *zíper*
marinero · sailor · *séilor*
narradores · story tellers · *stóri télers*
peine · comb · *coumb*
ropas · clothes · *clouzs*
runas · runes · *runs*

¿Qué son las **runas**?
Los **narradores** vikingos eran muy populares.
¿Tenían **botones** las **ropas** vikingas?

HAZ LA PRUEBA

Los vestidos vikingos no tenían botones, cremalleras ni ojales. Las prendas se sujetaban con cinturón o un broche. Observa las prendas que tú llevas y cuenta las distintas maneras de sujetarlas.

cuerno grabado para beber

peine de hueso tallado

Artesanías vikingas

Los vikingos eran artesanos consumados. De las pieles animales, hacían tiendas y sacos de dormir, y de los huesos, patines para el hielo, peines y cucharas. Trabajaban el oro, la plata y el bronce, y hacían collares de ámbar, vidrio y cuentas de azabache. Tallaban la madera y fabricaban vasijas de alfarería.

cuchara de plata

▶ Los vikingos gustaban de la música. Esta niña toca una flauta labrada de madera.

Curiosidades

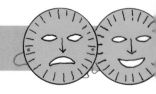

● Los vikingos creían que irían a un lugar llamado Valhalla si morían en combate. El Valhalla era una especie de paraíso en donde podrían combatir de día y tener fiestas toda la noche.

☆ *La Gran Pirámide se construyó hace miles de años en Egipto y aún sigue de pie. Tiene más de dos millones de bloques de piedra.*

● En los funerales de los ricos de Grecia, se pagaba a gente para que llorara por el difunto, y sus lágrimas se recogían y guardaban en un ánfora.

☆ *Los antiguos egipcios no usaban cuchillos o tenedores, y comían con los dedos. El faraón tenía un sirviente que le lavaba las manos entre uno y otro bocado.*

● Los tres **dioses** más importantes de los griegos eran los Hados, pues creían que éstos decidían si vivías o morías.

☆ *En China, hombres y mujeres tenían largos cabellos que recogían en un moño sobre la cabeza, y que sólo cortaban si moría algún pariente.*

● Los romanos usaban un condimento que preparaban con las entrañas de pescado, mezcladas con agua salada y dejadas al sol, hasta que se pudrieran.

☆ *Para los mayas, la cabeza aplastada y los ojos bizcos eran signos de belleza. A los bebés se les entablillaba la cabeza y, al crecer, se les colgaba un abalorio frente a sus ojos para volverlos bizcos.*

● Los romanos no solían dejarse crecer la barba. Pero cuando el emperador Adriano se dejó barba, los hombres del Imperio le imitaron.

☆ *Según una antigua leyenda china, la Gran Muralla no es tal, sino un enorme dragón que se convirtió en piedra.*

Glosario

astrónomo Persona que estudia las estrellas y astros del firmamento.

calendario Diagrama que muestra días, semanas y meses de un año.

ceremonia Acto solemne en una ocasión especial.

ciudad-estado Unidad política griega formada por una ciudad, y aldeas, granjas y casas anexas.

civilización Grupo de pueblos con leyes y costumbres en común.

columna Pieza alta y cilíndrica que se usa para sostener o adornar un edificio.

comerciar Cambiar bienes, comprar, o vender.

cuádriga Carro griego de dos ruedas tirado por cuatro caballos.

dios/diosa Ser u objeto que es adorado y al que se le atribuyen grandes poderes.

Escandinavia Nombre de la región formada por Noruega, Suecia y Dinamarca.

esclavo Sirviente que carece de libertad y cuyos derechos han sido usurpados.

foro Plaza principal de las ciudades romanas donde se trataban los negocios públicos.

gobernar Dirigir o regir un país.

gobierno Grupo de personas que rigen o guían un país.

imperio Tierras o países gobernados por un emperador.

mercader Persona que compra, vende o permuta mercancías para ganar dinero.

obra de teatro Pieza representada en un escenario.

templo Edificio dedicado al culto de un dios.

votación Elección de alguien o algo, como una ley o un gobernante.

Índice

Publicado en los Estados Unidos y Canadá por
Two-Can Publishing LLC
234 Nassau Street
Princeton, NJ 08542
con permiso de
C.D. Stampley Enterprises, Inc.

© 2002, 1997 Two-Can Publishing

Para más información sobre libros y multimedia Two-Can, llame al teléfono 1-609-921-6700, fax 1-609-921-3349, o consulte nuestro sitio web http://www.two-canpublishing.com

Texto: Claire Forbes
Investigación: Rachel Wright
Asesores: Margaret Mulvihill, Tim Wood
Arte: Peter Kent, Stuart Trotter
Arte en computación: D. Oliver
Director editorial: Jane Wilsher
Director arte: Carole Orbell
Director producción: Lorraine Estelle
Responsable proyecto: Eljay Yildirim
Editores: Belinda Webster, Deborah Kespert
Asistentes editoriales: Julia Hillyard, Claire Yude
Editor co-edición: Leila Peerun
Investigación en fotografía: Dipika Palmer-Jenkins
Traducción al español: María Teresa Sanz

HC ISBN 1-58728-647-5
SC ISBN 1-58728-704-8

HC 1 2 3 4 5 6 7 8 9 10 05 04 03
SC 1 2 3 4 5 6 7 8 9 10 05 04 03

Créditos fotográficos: Britstock-IFA (West Stock Montgomery) p19, p21; Bruce Coleman (M.P.L. Fogden) p5; C.M. Dixon p28d; e.t.archive p28i; Steve Gorton p24; Michael Holford p8, p13d, p15, (British Museum) p4ii, p6, p7, p9, p12-13c, (Bardo Museum, Túnez) p14; Tony Stone Images p20i; Werner Forman Archive (British Museum) cubierta, (Egyptian Museum, Cairo) p4sd, (Metropolitan Museum of Art, N.Y.) p20d, (Museo de Antropología, México) p25, (Statens Historiska Museum, Estocolmo) p26; Zefa p22.

Impreso en Hong Kong